QINGSONG XUE TAOYI

轻松学陶艺

李君儒　徐　昂　马晏宁◎主　编

安徽师范大学出版社
ANHUI NORMAL UNIVERSITY PRESS

·芜湖·

图书在版编目(CIP)数据

轻松学陶艺 / 李君儒，徐昂，马晏宁主编. — 芜湖：安徽师范大学出版社，2023.6
ISBN 978-7-5676-6103-5

Ⅰ.①轻… Ⅱ.①李…②徐…③马… Ⅲ.①陶瓷艺术—中学—教材 Ⅳ.①G634.955.1

中国国家版本馆CIP数据核字(2023)第074116号

轻松学陶艺

李君儒　徐　昂　马晏宁◎主编

责任编辑：吴　琼
责任校对：赵传慧
装帧设计：王晴晴　张德宝
责任印制：桑国磊
出版发行：安徽师范大学出版社
　　　　　芜湖市北京东路1号安徽师范大学赭山校区　　　邮政编码：241000
网　　址：http://www.ahnupress.com
发 行 部：0553-3883578　5910327　5910310(传真)
印　　刷：苏州市古得堡数码印刷有限公司
版　　次：2023年6月第1版
印　　次：2023年6月第1次印刷
规　　格：787 mm×1092 mm　1/16
印　　张：4.5　　插页：6
字　　数：80千字
书　　号：ISBN 978-7-5676-6103-5
定　　价：45.00元

"芜湖荟萃中学校本课程系列丛书"
编委会

丛书主编：查海曼

副　主　编：陈　萍　　孙怀俊

本册主编：李君儒　　徐　昂　　马晏宁

副　主　编：韩蕴泽　　胡　珺

作者简介

  李君儒,男,1962年生。南京艺术学院设计系毕业,2016年9月于景德镇陶瓷大学陶艺培训结业。中国书法家协会会员,中国硬笔书法协会会员,北京人和书画院院士。2016年10月创建陶源结艺文创空间工作室;2017年创建荟萃中学陶艺社;2018年度荣获"芜湖市中小学社团展演大赛"一等奖,并开发荟萃中学陶艺社宣传片"瓷语故事"。

  胡珺,男,1981年生。景德镇陶瓷学院文学硕士,美国西弗吉尼亚大学艺术学硕士。景德镇陶瓷大学陶瓷美术学院陶艺系副教授,硕士生导师,艺术教育教研室主任,中国陶瓷工业协会会员,江西省美术家协会会员。中国美术学院访问学者,美国纽约市立大学皇后学院高级访问学者。

  韩蕴泽,男,1989年生。日本东京艺术大学陶艺专业博士,景德镇陶瓷大学美术学院教师,作品曾参加亚洲现代陶艺展等多项国际展览并入选日本陶艺美术协会第八届"陶美展"等。2021年曾在东京The Artcomplex Center of Tokyo画廊举办个人展"奇妙な世界へ"。

  徐昂,男,1999年生。景德镇陶瓷大学陶艺专业学士,"三成工作室"主理人,"陶源结艺"授课老师。作品曾入选江西省美术家协会展,合作画廊为蝉野艺术空间。

  马晏宁,女,1998年生。景德镇陶瓷大学设计学陶瓷设计与理论研究方向硕士。获高级中学教师资格,曾参与多本高校与中小学陶艺课程教材以及艺术类图册的开发与编写工作。

褐彩主人杯　韩蕴泽

褐彩粉引花盘　韩蕴泽

菠萝王国·菠萝　韩蕴泽　　　　　　　　　　　菠萝王国·倒立人　韩蕴泽

金花白釉咖啡杯　韩蕴泽

庭院深深　胡珺

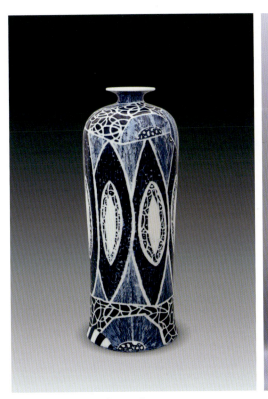

静观　胡珺　　　　　　　　　　　清泉石上流　胡珺

手作烛台 吴道鹏

祥云杯碟 吴浩

化妆土主人杯 徐昂

角斗场炭炉　徐昂

天青系列杯　徐昂

辉　徐昂

青花茶杯　徐昂

狩猎杯　徐昂

刻纹狩猎杯　徐昂

陶瓷游戏　朱真佑

马克杯　于泽江

水滴公道杯　于泽江

前　言

　　"芜湖荟萃中学校本课程系列丛书"即将陆续付梓出版，应约撰写前言，欣然接受，也是我应尽的职责。

　　2020年6月，我由芜湖一中副校长调任芜湖荟萃中学校长，积极推动芜湖荟萃中学的校本课程建设。2021年3月，芜湖荟萃中学创立"课程开发中心"。其缘由，细思起来主要有以下两点：

　　一是学校自身发展的需要。芜湖荟萃中学的特点概括起来就是：不长的办学历史，深厚的校园文化。芜湖荟萃中学现在的地址是芜湖市第一中学的原校址。芜湖一中溯源是创建于1765年的中江书院，办新学也有100余年，是一所百年名校，严复、陈独秀、蒋光慈等都曾在这儿留下过足迹。新中国成立后，芜湖一中一直是安徽省25所省重点中学之一，后芜湖一中创建省示范高中，芜湖一中的初中部就独立出来，命名为"芜湖市荟萃中学"。当时是芜湖市最好的初中之一。后因政策原因，芜湖市荟萃中学停办，2012年，芜湖一中整体搬迁至芜湖市城东新区，在芜湖一中原校址复办芜湖荟萃中学。巧合的是，芜湖荟萃中学复办后的第一任校长李万道和我本人均是由芜湖一中副校长调任。因此，芜湖荟萃中学在教育理念、教育方式、管理模式上都自然传承了芜湖一中的一些做法，坚持以人为本、以德为先，形成了开放包容、生动活泼的校园样态。

　　调入芜湖荟萃中学不久，一次和安徽师范大学李宜江教授闲聊。李教授的孩子就读于芜湖荟萃中学，所以他对芜湖荟萃中学的发展寄予厚望。他诚挚寄语道："你们要努力办一所家门口的名校。"

什么样的学校才算是名校？衡量的指标很多，说得通俗一点，就是学校里莫过于有四声：书声、歌声、笑声、民声，要努力地让我们的学生在校园里快乐健康地成长。其中的"民声"就是老百姓的口碑。俗话说："金杯银杯不如老百姓的口碑。"可以说，在老百姓中有好口碑，是名校最重要的特质。

但我个人以为好口碑不应是暂时的，不只是升学率高，而是孩子在这所学校里身心都真正得到了发展，即使毕业了很多年，回想起自己的母校，感受依旧是美好的、温馨的。

"我们眼里没有中考、高考，我们就没有今天；如果我们眼里只有中考、高考，我们就会失去明天。"所以好的教育，既要着眼当下，更要放眼未来。在基础教育阶段，在应对中考、高考的同时，更要大力推进素质教育，提升学生的综合能力，为学生未来可持续发展奠基。

放眼未来的教育，就是要在基础教育阶段能激发出学生的潜能。因此，我们坚持办适合师生科学发展的和谐教育，全面提高学生综合素质，全面提高教师专业素养，全面提高学校教育质量，全面落实立德树人的根本任务。

二是教育发展的本质需求。2013年，我在上海卢湾高级中学跟岗学习三个月，获益匪浅。上海作为全国教育发达的城市，它的教育观念、教育思想在全国是超前的、领先的。一所学校真正的特色就是要通过新的课程的创设，让教师教的方式，或是学生学的方式发生改变，以达到促进师生共同成长，进而达到全面提升教育品质的目标。

原上海市教育科学研究院的一位专家曾言："课程就是跑道，好的课程就是一条好的跑道，可以让教师自己跑得更快，让你的学生也跑得更快。""课改要改课，但改课不能违背教育教学规律，要遵从学生身心发展的规律。"

和教学紧密结合的课程才有价值，"教学"是什么？是"教学生学"。教什么很重要，是教信念、教思维、教技能还是教知识，这决定了学生"学"的境界。如果我们以教"知识"为目标，就会减少学生对生活的理解、感悟，对生命的追问和思考。学生只能"复制""下载"一些规矩和知识，这是违背教育本身规律的。因而我们的课程改革只有立意在教技能、教思维上，才会让学生有所得，有收获。新课程的创设是需要教师辛勤耕耘和智慧付出的，这一过程无疑会推动教师的快速成长。

芜湖荟萃中学课程开发中心建立以来，以习近平新时代中国特色社会主义思想为指导，落实《国家基础教育课程改革指导纲要》及教育部等八部门《关于进一步激发中小学办学活力的若干意见》（教基〔2020〕7号）精神，响应芜湖市委市政府、市教育局的号召，学习经济发达地区的先进办学经验，融入长三角教育体系，积极适应新时代教育教学课程改革要求，进一步加强学生社团建设，并依托学生社团，完善学校课程体系，大力发展素质教育，全员全程全方位培养学生全面发展，提高学生综合素质，助力学生成长成才。课程开发建设工作，得到广大师生积极响应。截至目前，"双向绘本""陶瓷艺术""教育戏剧""健美操""定向运动"五个校本课程项目获得市级立项，共获得近百万元专项资金支持。

衷心希望已经获得市级立项校本课程的主持人辛勤工作，不负厚望，结出硕果；希望更多荟萃中学的老师走进校本课程开发这片园地中来耕作，让芜湖荟萃中学百花齐放，春色满园。

让我们共同努力，深入推进学校教育教学改革和发展，提升学校办学特色、内涵和品质，满足新时代社会和学生的需求。

芜湖荟萃中学党总支书记、校长　查海曼

2023年4月3日

序言

　　在我国灿若星河的传统文化中，陶瓷是重要的组成部分，是民族文化的结晶。陶瓷是陶器和瓷器的总称。传统的陶瓷工艺美术品，质高形美，具有高度的艺术价值并闻名于世界。而制陶技艺的产生可追溯到公元前4500年至前2500年，陶瓷发展史可以说是中华民族发展史中的一个重要组成部分。中国人在科学技术上的成果以及对美的追求与塑造，在许多方面都是通过陶瓷制作来体现的，并形成各时代非常典型的工艺特征。而陶艺作为一种艺术表现形式，伴随着现代社会的发展，无论是观念上，还是形式上，都得到了较大发展。

　　都说兴趣是最好的老师，在同学们紧张且充实的校园生活中，希望这本简单的陶艺教程能够给大家带来不一样的体验和快乐。

　　本书文字通俗易懂，图文并茂，因为专业内容过多往往令人感到枯燥，也会让感兴趣的人望而却步。为了使阅读轻松，本书编者们在主要的制作步骤中都配上了实际操作时的照片，给同学们提供更为直观的学习素材。

　　希望本书能够丰富同学们的知识，更希望陶艺为大家的生活增添一些色彩！

韩蕴泽

2023年5月1日

目　录

第一章 陶艺简介

1.1 陶艺概念

陶瓷（china）制品，可以理解为是陶器和瓷器的总称。陶瓷制品是用陶土和瓷土这两种不同性质的黏土为原料，经过配料、成型、干燥、烧成等工艺制成的器物。陶器是用质地较为粗糙的陶土制作而成，瓷器则使用质地细腻的瓷泥制作。陶瓷的发展史与中华文明史息息相关，中国发现的最早陶器制作于公元前8000年—前2000年（新石器时代），而中国瓷器不仅具有较高的实用性更具有超高的欣赏价值，因此备受世人推崇。

"陶艺"便是"陶瓷艺术"的简称。陶瓷艺术具有很强的综合性，通过对材料的掌控，融入绘画、书法、塑形、雕刻等工艺。陶艺在中国已成为重要的艺术门类并逐步成长起来，参与和从事这一艺术门类的艺术家也越来越多。而且，由于它集趣味性、创造性于一体，已经成为一项极受青少年欢迎的学校素质教育内容和都市休闲活动。

陶艺课程是开展现代素质教育最合适的课程之一，具有很强的实践性，带给学生无穷新鲜感的同时，更可以令学生有亲近自然的感觉，从而自发地爱上陶瓷艺术。

1.2 芜湖荟萃中学陶艺社团发展概况

芜湖荟萃中学陶艺社团创建于2017年9月。经过多年建设，现有教学经验丰富的专兼职教师2名，现代化专用教室1间，拉坯机、电窑、水帘喷釉柜、作品架等设备齐全。

陶艺社团自创建以来，在李君儒老师的悉心教学与指导下，教学活动深受学生喜爱，得到同行赞许、领导认可，成为学校的特色社团之一。陶艺社团在立足提高教学质量的同时，积极组织学生参赛、开发产品，并申请校本课程项目，取得了丰硕成果。

2018年出品荟萃中学陶艺社宣传片"瓷语故事"，同年，荣获"芜湖市中小学社团展演大赛"一等奖。2019年，荣获"芜湖市优秀社团"荣誉称号。2021年，"'荟萃'陶瓷文化艺术创新与应用校本课程建设"课程项目获得市级立项。2023年，研究成果《轻松学陶艺》出版。

荟萃中学陶艺社教学活动

荟萃中学陶艺教室

1.3　中国传统陶瓷艺术发展时间轴

新石器时代的陶器
（约公元前8000年—
前2000年）

马家窑文化彩陶蛙纹壶

陶器是随着原始农业的出现和人类定居生活的需要而产生的。考古发现所获得的资料证明，我国的陶器生产距今已有10000多年的历史，陶器是原始先民主要的日常生产和生活用具。

商、周、秦、汉的陶瓷
（约公元前1600年—
220年）

原始瓷青釉划花双系壶

商周时期，人们主要的日常生活用具仍然是陶器。商代除了大量烧制灰陶以外，还烧制出精美的刻纹白陶和印纹硬陶。约在商代中期出现了原始瓷，为后来瓷器的发明奠定了基础。

三国、两晋、南北朝的
陶瓷
（公元220年—589年）

北朝　青釉莲花尊

三国、两晋、南北朝历经360余年，陶瓷生产发展迅速。南方制瓷技术明显提高，瓷器产区和规模不断扩大，江苏、浙江、福建、江西、湖南、湖北、四川等地均有窑址分布。所产瓷器以青瓷为主，器物造型以日常生活所用盘、碗、壶、罐、槅、洗、谷仓、烛台、虎子、唾壶、薰炉等较为多见。产品各具地方特色。

隋、唐、五代的陶瓷
（公元581年—960年）

唐　三彩女立俑

隋代陶瓷生产承前启后。至唐代，陶瓷业获得蓬勃发展。唐代陶瓷制品堪称中国陶瓷发展史上的一颗明珠，名窑遍布南北各地，器物造型千姿百态，装饰纹样丰富优美。饮茶风俗的普及，进一步刺激了制瓷业的发展。中外经济、文化的交流和发展，更使陶瓷作为物质载体成为友好往来的使者。

宋、辽、西夏、金的陶瓷
（公元916年—1279年）

金　黑釉剔花小口瓶

宋代陶瓷业蓬勃发展，名窑遍布全国各地，出现了陶瓷史上前所未有的兴盛局面。在民窑发展的基础上，朝廷也在南北各地设窑专门烧制宫廷用瓷，名曰"官窑"。汝、官、哥、定、钧窑等"五大名窑"烧制的瓷器备受后人推崇。

元代的陶瓷
（公元1271年—1368年）

元　青花釉里红镂雕盖罐

元代时期，海外贸易的蓬勃发展，进一步刺激了陶瓷业的兴盛。钧窑、磁州窑、龙泉窑等继续生产传统陶瓷品种，其产品不但畅销国内，而且远销国外。景德镇则得天时、地利、人和，异军突起。青花、釉里红、卵白釉、蓝釉、红釉瓷等新品种层出不穷，使景德镇一举成为全国最重要的瓷器产地。

清代康熙、雍正、乾隆
年间的陶瓷
（公元1662年—1795年）

清乾隆　粉彩镂空暗八仙纹
双耳转心瓶

清代景德镇窑沿袭明制，亦分为官窑和民窑。清朝统治者革除了明朝在手工业方面的一些弊病，废除了官窑的编役制，将明末出现的"官搭民烧"作为定制，从而出现官民竞争的局面，刺激了民窑的进一步发展。

清代晚期的陶瓷
（约1821年—1911年）

清同治　青花云龙纹赏瓶

鸦片战争以后，随着内忧外患接踵而至和清王朝的日趋衰败，景德镇的制瓷业亦总体上呈现出衰退的局面。但清代晚期官窑瓷器仍然有光辉的亮点，如当时皇帝大婚和皇太后庆寿用的成套餐具的批量生产等，有如晚霞余晖，令人称羡。

1.4　制作陶瓷的基本工序

第一步　制备泥巴

陶艺用的泥巴,通常也习惯称之为高岭石黏土或高岭土,是专门用于烧制陶瓷的黏土,具有可塑性。

市面上常见的泥料包括瓷泥、陶泥、匣钵土、黑泥,以及各种陶艺泥料。

制作陶瓷的第一步就是制备泥巴:揉泥。

揉泥

第二步　塑形

泥巴制备完成后,我们要通过一些方法塑造出想要的造型。一般方法有:拉坯成型、泥板成型、泥条成型、手捏成型等。

拉坯成型　　　　泥条成型

泥板成型　　　　手捏成型

第三步　修坯、粘接

待泥巴成型后我们进行修坯、粘接:可以使用工具将坯体表面不平整的地方打磨光滑,去除表面浮尘,完成其余部件的粘连。

修坯

小拓展

揉泥的手法分为羊角揉和菊花揉。羊角揉为双手手掌同时发力将泥巴向泥团中央挤压,菊花揉为左手辅助右手发力向中心挤压泥团。对于陶艺初学者来说,羊角揉方式更易掌握,可多加练习。

等待坯体干燥后，我们就可以开始进入装饰环节了。坯体的装饰方法有很多种，最常见的方法是釉料装饰，或者在干燥的坯体表面进行釉下彩绘，也有在成瓷的瓷器表面进行釉上的绘制。景德镇的粉彩工艺就是非常有代表性的釉上彩装饰技艺。当然，雕刻装饰和多种装饰结合的方式在陶瓷制品上也有很强的表现力，同学们可以借助不同的工具多加尝试。

第四步　装饰

釉下彩装饰

刻坯　　　　　　　喷釉

第五步　入窑烧制

烧制过程分为两步，先以约800℃的温度进行素烧，使得坯体具有一定硬度后再进行装饰和施釉；再以1200℃—1300℃的温度入窑烧制。

入窑烧制中

第六步　出窑

待窑炉降至常温后进入作品出窑环节。出窑前我们应当检查每件作品的釉面、底足，将硼板、马脚归位并检查窑炉内情况。对于有瑕疵的作品可以通过复烧和打磨进行处理。

烧制完成出窑

1.5　陶艺制备工具介绍

"工欲善其事，必先利其器"

陶艺制作需要作者的双手、工具以及泥料、釉料的相互配合，当然也离不开设备（窑炉、拉坯机等）的辅助，这样才能相得益彰，创作出优秀的作品。

窑炉类设备

电窑:电窑是以电为能源产生热量的窑炉,使用维护比较简单,通常烧制温度在1250℃左右,为氧化气氛烧成。

气窑:气窑以液化气为热源,具有空间大、温度高的特点,对烧制的技术要求较高,温度可以达到1300℃,并可以通过调整烟囱闸板达到还原气氛。

原料加工类设备

拉坯机:主要用于拉坯成型的制作,可以制作出同心圆的器型。

泥板机:通过旋转辊轧轴的手柄可以压出平整的泥片,提高泥片成型制作的效率。

炼泥机:通过真空处理挤压出废泥中的气泡,使黏土结构均匀可以将废泥、干泥加工成可以使用的泥巴。

陶艺塑形工具

陶艺转台:方便从不同角度进行创作。

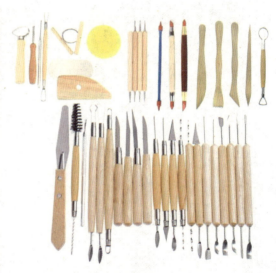

塑形工具:用不同形状的工具,修整陶瓷造型。

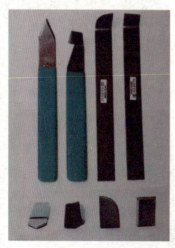

修坯刀:常用于修整拉坯成型的器物,利用不同刀头修出想要的效果。

刮片:适合在拉坯时制作直筒杯或盘,也可以在盘筑过程中塑形或者修整坯体表面。

1.6　多彩的陶艺视界

一、景德镇的陶瓷从业者

明代宋应星在《天工开物》中对景德镇的制瓷工序这样描写："共计一坯之力，过手七十二，方克成器。其中微细节目，尚不能尽也。"景德镇制瓷72道工序由此而来。在今天的景德镇，我们依旧可以看到传统的制瓷工艺展示。工匠师傅们熟练高超的技艺带领我们进入一个多彩的陶艺世界，加工好的泥料经过拉坯、利坯、施釉、绘画等一道道工序的不断打磨，一块块质朴的泥巴在他们的手中被加工成一件件精美的艺术品。

景德镇的陶瓷，即使到了科学技术如此发达的今天，还是离不开手艺人的手工制作。而这些手艺人，又被世人尊称为"工匠"。工匠们的世代传承，为景德镇的辉煌瓷业史铸刻下浓墨重彩的一笔。

制瓷工匠

曾经官窑里精工巧匠的后人，传承先辈的精湛技艺，发挥自己的聪明才智，使祖传技艺不仅得到发扬，自身工艺水平也达到了新的高峰。在今天景德镇的一些制瓷集中区，我们仍然可以看到各种工匠们辛勤而忙碌的身影。

正是陶瓷从业者锲而不舍的坚守，才让陶瓷业呈现出多姿多彩的景象。

传统釉上画师

制作陶瓷模具的师傅们

传统釉下青花画师

正在用板车运坯的师傅

二、景德镇传统制瓷区

瓷雕作品

雕塑瓷厂

新中国成立之后，我国的工业发展如火如荼，景德镇市也于1956年，成立了景德镇雕塑瓷厂。

该厂生产的瓷器精美无比，曾作为对外交往的礼品送往欧洲、日本等地，很多陶瓷制品更为国内重要藏品。随着时代的变迁。景德镇雕塑瓷厂由过去的工业生产为主转变为生产和旅游为主，新建了很多的旅游配套设施。

景德镇御窑厂

明清两代的官窑，专门烧造宫廷用瓷，也包括朝廷对内外的赏赐品和交换品。景德镇御窑厂始建于明代洪武二年（1369年），初设时有窑20座，宣德年间增至58座。厂内采用协作形式进行生产。由于御窑厂集中了优秀的制瓷工匠，并可以不计工本地提高质量和创新品种，客观上促进了制瓷技术的进步和整个瓷业的发展。

御窑厂画师

景德镇御窑博物馆

三、陶瓷艺术品集市

景德镇的陶瓷创意集市为陶瓷艺术家们提供了一个创作的平台和机会，让他们能够在这里起步和成长。器物作者在这里互相交流、学习和合作，共同推动手作陶艺的发展。在集市上，艺术家们可以售卖自己的作品，与客户们交流，获得反馈与灵感，进一步提升自己的创作水平与审美能力。一些优秀的作者也逐渐蜕变为独立艺术家，开启自己的创作之路。

景德镇乐天陶社创意市集

不仅如此，很多艺术家和工作室的主理人在制作与销售的过程中纷纷建立了自己的品牌，吸引了更多的客户与合作伙伴，进一步展示了自己的影响力，扩大了发展空间。

除此之外，很多人还通过成立陶艺培训机构、创办艺术展厅等方式，将自己的制作经验和知识传递出去，促进了陶瓷文化的传播和普及。

陶溪川集市游客正在挑选商品

陶溪川集市摊位

总的来说，景德镇的陶瓷创意集市不仅是当代陶艺文化的重要载体之一，也是一个能充分促进陶艺家成长与发展的重要平台。通过集市，客人们收获了精美的陶瓷作品，陶艺创作者们也在这里共同成长，创造了精彩纷呈的陶艺新世界。

景德镇陶溪川文创街区

陶溪川作为景德镇的文化创意街区有着丰富的艺术资源，也为手艺工匠，有创意的艺术家、设计师提供了一个施展才华的平台。每周的工艺品夜市吸引着各地游客以及艺术品爱好者前来游玩。

陶瓷艺术品店铺

陶瓷艺术品商店不仅是陶艺工作者们的工作空间，也如同美术馆一样承载了作品展示的功能。在景德镇以及其他城市也遍布着雅致又文艺的陶瓷艺术品商店，很多作品都做工精巧，值得仔细欣赏。

四、陶瓷艺术展览

陶瓷艺术品商店陈列

景德镇国际陶瓷博览会

景德镇国际陶瓷博览会简称"瓷博会"，是景德镇一年一届的陶瓷盛会，是官方用以展示景德镇瓷器产品及宣传景德镇陶瓷文化而定期举办的商贸活动。第一届瓷博会于2004年10月举办，吸引了来自日本、美国、意大利等23个国家和地区的2000多名国外政要、知名企业、采购商前来参展、洽谈。

瓷博会展品

瓷博会宴会瓷具

陶瓷艺术展

陶瓷艺术展为大众提供了近距离接触陶瓷艺术品的机会。参观艺术展不但可以增长知识，还能提高艺术修养。在观展过程中，我们观赏作品的外在特征与技艺，也关注作品所表达的内涵，结合时代环境，了解作者创作时的心境，品析作品包含的情感与本质。

大型陶艺艺术展览

五、陶艺工作室

景德镇陶艺工作室

景德镇深厚的陶瓷文化积淀以及较低的创业成本吸引着年轻的艺术家与陶瓷从业者们。许多"景漂"都成立了自己的工作室，设计、生产、展示与交易自己的作品，用心经营着自己的梦想。除了做瓷器，艺术家们也会在工作室里喝茶、画画、弹琴……在轻松舒适的氛围中从事艺术创作。

陶艺工作室环境

第二章　手捏成型

手捏成型是用指尖一边捏泥团一边塑形的技法，操作简单，尤其适合初学者。由于使用指尖塑形，因此能够做成特殊的肌理效果。

令人享受的制作过程也是这种技法的一大魅力，它适合创作小型器皿，如杯、碗、摆件等。

2.1　黑釉手捏主人杯的制作

下面我们来展示如何使用手捏成型法来制作黑釉主人杯。装饰手法使用刷釉的方式，烧成方法使用高温烧成。

作品名称：黑釉手捏主人杯
泥料：黑紫砂
釉料：星光3号
烧成方式：高温烧成
尺寸：高6 cm 直径7.5 cm

一、坯体捏制

手捏成型需要通过手指时刻感受泥土的干湿程度，通过不断的挤压、捏塑来调整坯体的形状，泥土较软时不可捏得太薄，泥土较硬时则不可大幅度地调整坯体形状。

步骤一：取大小适当的一块泥，将其表面拍打平整。

步骤二：将泥团放在转盘上，用手指将泥团中间掏空，底部保留5mm的厚度。

步骤三：一边旋转转盘一边挤压坯体将坯体捏薄。

步骤四：轻微地调整口沿形状，注意不要捏得太薄。

步骤五：加入少量的水，用手指将坯体内部打磨光滑。

步骤六：用海绵棒将多余水分吸干。

步骤七：稍微干燥后，用割线将坯体割下。

二、坯体修整

步骤一：在转盘上围一圈泥巴，将坯体倒扣固定在转盘上。

步骤二：用环型修坯工具，修出3mm厚的底足。

步骤三：用小刀切除多余部分，将底部修平整。

步骤四：用刮片工具将粗糙的底面打磨光滑，注意不要过度用力压裂底部。

步骤五：将修整好的坯体放在阴凉处缓慢干燥。

三、坯体装饰

待坯体干燥后，均匀地刷上釉水。注意手法要轻，过重会捏碎未素烧的坯体。

2.2　青釉手捏风铃的制作

这一部分我们来展示使用手捏成型法制作青釉风铃的方法。装饰手法使用的是喷釉装饰，烧成方法使用中温烧成。

作品名称：青釉手捏风铃
泥料：浅黄陶
釉料：鸭蛋青
烧成方式：中温烧成
尺寸：高6cm直径4cm

一、坯体成型

步骤一：将泥团掏空留出底部，底部保留5mm厚度并放置在转盘中央，挤压成喇叭状。

步骤二：将坯体倒置在转盘上，修整底部造型。

步骤三：稍微打湿口沿部分，用手指修整口沿造型。

步骤四：用工具轻轻地向内按压口沿，做出花瓣形状。

步骤五：用手指挤压花口，使造型更加突出。

步骤六：用手指挤压边缘使得花口更加精致。

步骤七：用毛笔涂抹边缘，将粗糙的地方涂抹平整。

二、铃铛制作

步骤一：使用木制模具按压泥团，制作出风铃的铃铛。

步骤二：轻轻脱模后放置阴凉处晾干。

步骤三：使用打孔工具，钻出孔洞。

步骤四：在风铃顶部打出同样的孔洞用于穿绳。

步骤五：将坯体放置阴凉处晾干。

三、喷釉

待坯体完全干燥以后，进行喷釉。

2.3 釉下彩手捏汤勺的制作

这一部分我们来展示使用手捏成型法制作釉下彩汤勺的方法。装饰手法使用的是釉下彩绘制，烧成方法使用中温烧成（吊烧）。

作品名称：釉下彩手捏汤勺
泥料：灰陶
釉料：透明釉
烧成方式：中温烧成（吊烧）
尺寸：长11 cm 宽4.5 cm

一、坯体成型

步骤一：准备一条一端粗一端细的泥条备用。

步骤二：将泥条压制成 5 mm 厚的泥片，割下一块勺子形状的泥片备用。

步骤五：用一块大小合适的海绵垫起勺面，避免干燥期间断裂。

步骤三：轻轻地将口沿折起做出勺子的形状。

步骤六：调整勺子两侧的角度。

步骤四：调整把柄处泥片的厚薄、造型。

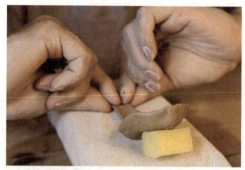

步骤七：用手指将把柄打磨光滑。

步骤八：稍微干燥变硬以后，再用手指处理勺子口沿。

步骤九：待干燥以后用打孔工具钻出孔洞，方便后续吊烧串孔。

步骤十：在釉下彩绘制之前用海绵补水，并擦拭掉表面上的灰尘。

二、坯体装饰

步骤一：用釉下彩颜料均匀画出图案，使用颜料前应加入适量的水稀释。

步骤二：用钢针的针头修饰图案的边缘，使得图案边缘更加流畅。

第三章　泥条成型

　　泥条成型是一种很古老的陶艺成型手法，早在新石器时代就有用泥条盘筑成型手法制作的陶罐。通过手捏挤压泥条可以制作出形态各异的陶艺作品，大大提升陶艺作品的丰富性。

　　现代陶艺家依然使用这种古老的成型手法来进行创作，加以竖向泥条、泥条编织等创新手法，可以制造出更具有表现力的作品。

3.1　化妆土泥条盘筑花瓶的制作

　　这一部分我们来展示使用泥条成型法制作花瓶的方法。装饰手法使用的是化妆土绘制，烧成方法使用中温烧成。

作品名称：化妆土泥条盘筑花瓶
泥料：精陶泥
釉料：化妆土
烧成方式：中温烧成
尺寸：高27 cm直径11 cm

一、坯体成型

　　步骤一：切出一块圆形泥面作为花器底部。

步骤二：用毛笔蘸取泥浆刷在底面周围。

步骤三：将搓好的泥条围绕底部泥片进行缠绕，用手指将泥条内侧与泥片捏在一起。

步骤四：继续向上盘筑泥条，注意厚度均匀，防止塌陷。

步骤五：盘筑到一定高度后，将泥条向外延展，继续盘出球状。

步骤六：盘筑到顶部时注意要用手将泥条向内部收敛。

步骤七：待坯体稍干燥后，使用小刀将多余的部分切除。

步骤八：用更细一些的泥条沿着刚才切好的口部继续向上盘筑。

步骤九：盘筑完成花器口部。

步骤十：花器的坯体盘筑完成后，放置阴凉处阴干。

二、坯体装饰

步骤一：先用浸湿的海绵擦拭干燥后的坯体。

步骤二：用水将化妆土颜料稀释后倒入器皿，用羊毛笔刷蘸取。

步骤三：在坯体表面涂刷2—3遍化妆土。

步骤四：使用棒状海绵蘸取其他颜色的化妆土，点涂在刚才涂好底色的表面。

步骤五：可根据画面需要和喜好来使用小刻刀刻画出花纹和肌理。

3.2 蓝晶釉彩泥条花盆的制作

这一部分我们来展示使用泥条成型法制作花盆的方法。装饰手法使用喷釉，烧成方法使用中温烧成。

作品名称：蓝晶釉彩泥条花盆
泥料：灰陶泥
釉料：蓝晶花
烧成方式：中温烧成
尺寸：高 12 cm 直径 9 cm

一、坯体制作

步骤一：切出圆形泥片，作为花盆底面。

步骤二：用双手搓出若干根粗泥条。

步骤三：顺着底部由下而上盘绕泥条。

步骤四：将盘筑好的泥条压实、按紧，表面可以用手指按压出肌理。

步骤五：盘筑成花盆造型后使用割线将表面割出光滑的横截面。

步骤六：调整花盆口部造型。

步骤七：使用模具按压出想要的花纹作为装饰。

步骤八：制作 3 mm 厚的泥板，切割出大小适宜的泥片，用来制作花盆的提手。

步骤九：将捏好的提手粘在花盆两侧。

步骤十：花盆盘筑部分完成，待干燥。

步骤十一：花盆底部需要打孔，种植植物时起到透气沥水的作用。

3.3　猫头鹰陶罐的制作

这一部分我们来展示使用泥条成型法制作猫头鹰造型陶罐的方法。装饰手法使用釉下彩绘制，烧成方法使用中温烧成。

作品名称：猫头鹰陶罐
泥料：精陶泥
釉料：颜色釉色剂
烧成方式：中温烧成
尺寸：高 23 cm 直径 14 cm

一、罐身制作

步骤一：切出一个圆形泥片，用瓶盖或辅助工具从中间掏出一个空心圆。

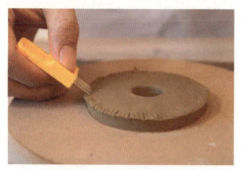

步骤二：使用排针沿泥片一周划出痕迹，增加底面与泥条的接触面积，避免开裂。

步骤三：用毛笔蘸取泥浆涂抹在泥片周围。

步骤四：将搓好的泥条围绕底部泥片进行盘筑，用手指将泥条内侧与泥片捏在一起。（底部的泥条要比上部泥条略宽）

步骤五：为了防止泥条盘筑过程中出现塌陷，可以在周围放置海绵作为支撑。

步骤六：重复上述步骤盘出一个圆形的罐身，泥条与泥条之间要按压紧实，外部抹平。

步骤七：在盘筑好的罐身两侧贴一定厚度的泥片，做出猫头鹰翅膀的形状。

步骤八：制作一些椭圆形状的薄泥片贴在翅膀区域，做出羽毛的质感。

步骤九：再用泥片制作出猫头鹰尾巴的形状，用泥浆粘在底部。

步骤十：制作出猫头鹰爪的造型，用泥浆粘在底部。

步骤十一：将盘好的口沿用纸巾覆盖起来，便于后续操作。

二、头部的制作

步骤一：在罐身基础上继续盘筑泥条，注意要盘出一个山丘形状的罐盖，作为猫头鹰头部的基础造型。

步骤二：用泥条围出眼睛轮廓。

步骤三：将顶部最后剩余的部分继续用泥条盘起来。

步骤四：将多余的泥条用手指掐出并去除。

步骤五：最后制作出耳朵形状的泥片，用泥浆粘在眼睛上方位置。

步骤六：猫头鹰陶罐泥条盘筑完成，待其干燥。

三、装饰

用毛笔蘸取调制好的釉下彩颜料绘制图案。

第四章　拉坯成型

拉坯成型是一种很常见的成型手法，通过电动拉坯机转盘的旋转，可以拉坯塑型，制作出精美细致的圆形器皿。在电动转盘发明前，古人使用慢轮制作法、棍摇转轮法、双人制作法等拉坯手法同样可以制作出规则的器型。

拉坯的要领在于利用好转盘旋转时产生的向心力和离心力，通过手指感受器壁内外的造型，用手指夹住器壁，通过坯体的匀速旋转达到提拉的效果。

慢轮制陶

拉坯前首先要找到中心，这样才能保障拉坯成功。

步骤一：将揉好的泥砸在转盘中心点上，拍打至表面较平整，使其与转盘紧密贴合。

步骤二：调整好坐姿，双手肘关节顶住大腿内侧便于发力，将泥团和双手打湿后，用手掌的小鱼际肌位置挤压泥团使其变高。

步骤三：双手抱紧泥团，由泥团的底部开始，两只手相对发力挤压，待转盘旋转数周以后双手随着泥团一同缓慢且稳定地向上移动，即为提拉。通过3—4次提拉，可以使泥巴内部结构更加均匀。

4.1 花釉拉坯汤碗的制作

这一部分我们来展示使用拉坯成型法制作花釉汤碗的方法。装饰手法使用喷釉的方式，烧成方法使用高温烧成。

作品名称：花釉拉坯汤碗

泥料：深陶泥

釉料：芦苇2号

烧成方式：高温烧成

尺寸：高9 cm直径9 cm

一、取泥开口

步骤一：取适量泥巴置于转盘中并提拉，当泥巴变得细长之后，一手护住泥团腰部，一手将顶端向前方推倒约为15度，泥团的高度会慢慢下降，这个步骤称为压泥。在下压的同时要保证手臂的稳定，确保泥团仍然处于转盘中央。

步骤二：一次完整的提拉和压泥为一次循环，重复3—4次，直至泥团在转盘上旋转也能保持不坍塌。

步骤三：取适量的泥巴捧在手心，将大拇指交叉轻轻地下压出大约2cm深的孔洞。

二、拉坯

步骤一：将大拇指与中指相抵，掐住泥巴，伴随着旋转均匀地向上提拉。注意这个步骤要一气呵成，不可用力过大。

步骤二：提拉完成之后，左手在内，右手在外，两手手指相抵，重复提拉动作。

步骤三：使用皮质工具修整口部。

步骤四：用棒状海绵吸干多余水分。

步骤五：碗底预留出 1.5cm 左右的厚度，避免取坯时发生变形。

步骤六：在拉坯机旋转的同时，使用割线顺着预留出的底部切下。

步骤七：用三根手指托住碗底，轻轻放在平整的木板上待干。

三、修坯

步骤一：将坯体倒置在转盘中心，用同种泥巴围绕口部固定。

步骤二：一只手压住碗底，另一只手使用修坯刀修整碗体外轮廓。

步骤三：用手护住坯体，修整出预留宽度 3 mm—4 mm 的圈足。

步骤四：将坯体正放并固定在转盘中央。

步骤五：使用修坯刀修整碗体内部。

步骤六：使用修坯刀修整碗边缘。

步骤七：碗体修整完成。

四、装饰

步骤一：将坯体放置在石膏转盘上，使用喷釉机对碗体内外均匀喷釉2—3遍。

步骤二：用海绵将圈足的釉擦拭干净，以免烧制过程中粘连硼板。

4.2 马克杯的制作

这一部分我们来展示使用拉坯成型法制作马克杯的方法。装饰手法使用浸釉荡釉的方式，烧成方法使用高温烧成。

作品名称：马克杯
泥料：高白泥
釉料：蓝枯
烧成方式：高温烧成
尺寸：高9 cm 直径8 cm

一、拉坯

步骤一：取泥开口，底部预留1cm的厚度。

步骤二：用大拇指将坯底抹平。

步骤三：中指与食指相抵，向上提拉。

步骤四：两手手指相抵，降低转盘速度，将坯体拉薄。

步骤五：用刮板修整外轮廓，刮掉多余泥浆。

步骤八：用割线取下坯体。

二、修坯

步骤六：用麂皮条修整口部。

步骤一：将坯体放在转盘中心，用泥条固定住。

步骤七：用喷火枪或者热风枪吹坯体，增加其硬度。

步骤二：修出 4 mm 宽的底足。

步骤三：将坯体放在转盘中心，用毛笔蘸水打湿圈足。

步骤四：用竹刀把圈足压紧在转盘上。

步骤五：修整外部造型。

三、组装把手

步骤一：截取一段泥条，用竹笔杆压平。

步骤二：将把手弯曲在木板上晾至半干。

步骤三：切掉多余部分。

步骤四：用排针将把手与杯身接口处打磨粗糙。

步骤七：刮平接口处多余的泥浆。

步骤五：在把手接口处刷上泥浆。

步骤八：将坯体放在阴凉处晾干。

四、上釉

步骤六：将把手压紧在坯体上。

步骤一：将素烧完的坯体用海绵擦拭、补水。

步骤二：荡釉。将釉料倒入杯中保持5秒后迅速倒出。

步骤三：将杯身压入釉料浸5秒后迅速拿出，擦拭掉圈足多余的釉料。

4.3　青釉祥云盘的制作

这一部分我们来展示使用拉坯成型法制作祥云盘的方法。装饰手法使用浅浮雕的方式，烧成方法使用高温烧成。

作品名称：青釉祥云盘
泥料：深陶泥
釉料：芦苇2号
烧成方式：高温烧成
尺寸：高2cm直径9cm

一、拉坯

步骤一：将木板固定在转盘上，中心放置泥巴并将泥巴用掌根压平。

步骤二：由中心点向外反复地挤压，扩大底面积。

步骤三：用钢针插入泥坯查看坯体厚度。

步骤四：预留出约1cm的厚度。

步骤五：将盘子边缘拉薄。

步骤六：用刮片修整碟子弧线，刮掉多余浮泥。

步骤七：用麂皮布修整口沿。

二、修坯

步骤一：将木板取下，用割线切割下坯体后放置阴凉处晾干。

步骤二：将坯体放在转盘中心，用泥巴固定在转盘上。

步骤二：沿着刻线剔除掉多余的部分。

步骤三：修整造型。

步骤三：用海绵擦拭掉灰尘。

三、刻坯

四、吹釉

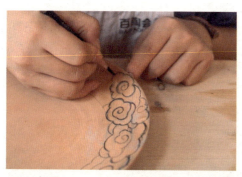

步骤一：用铅笔在素烧过的盘子上画上草稿。

均匀地喷上青釉。

第五章　泥板成型

泥板成型适合于形体平整和结构简单的方体造型，平整的泥面也有助于我们尝试更多的装饰技巧。我们在制作泥板成型的作品时，尤其要重视泥板的干湿度。干湿度一致的目的是保证不同泥板的收缩率相同，避免开裂的情况发生。

泥板成型的表现手法有两种，一种追求造型上的工整，另一种则是利用泥片在柔软时的可塑性制造出柔和的曲线造型。泥板成型的工艺有以下几个要点需要注意：

1. 在制备泥板时切下大小合适的泥板后，需要使用掌心或掌背反复拍打，避免泥板出现气泡。

2. 做好泥板的保湿工作。为了防止泥板的干燥和翘边，我们在制备前需要提前铺盖布或者纸。泥板制备完成后需在上面盖上塑料膜来保湿，减缓其干燥速度。

3. 切割泥板时坯体不能太干燥，避免出现卷边，要用锋利的刀在泥板未完全干燥的时候进行切割。

4. 在粘连泥板时，接缝位置需进行打磨增加其接触面积。蘸取的泥浆要尽可能地多，避免产生缝隙。

做好以上准备后，我们一起来完成泥板花器的制作吧！

5.1　波点泥板花器的制作

这一部分我们来展示使用泥板成型法制作波点花器的方法。装饰手法使用釉下彩波点装饰的方式，烧成方法使用中温烧成。

作品名称:波点泥板花器

泥料:高白泥

釉料:透明釉

烧成方式:中温烧成

尺寸:高 16 cm 直径 8 cm

所需泥板尺寸:

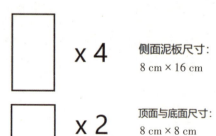

x 4　　侧面泥板尺寸:
　　　　8 cm × 16 cm

x 2　　顶面与底面尺寸:
　　　　8 cm × 8 cm

泥板尺寸

一、制作泥板

步骤一:使用弓形割线割出约 2cm 厚度的泥片。

步骤二:使用两条 3mm 厚度的木片固定在泥片两侧,按照左图所示尺寸与数量,使用擀泥棒擀制出表面光滑的泥板。

步骤三:用直尺在擀好的泥板上刻画出所需泥板大小。

步骤四：将泥板压实在桌面，用刀轻轻地切割出矩形泥板。

二、泥板的拼接

步骤一：使用切角器将泥板边缘切割出45度角，便于之后的拼接。

步骤二：将泥浆均匀涂抹在刚才切好的边沿上。

步骤三：将泥板紧密压实在一起，同时挤出多余泥浆，避免有气泡出现。

步骤四：将花器的四个面都压实压紧，同时用手修正形状。

步骤五：将拼接好的四面立体形放置在泥板上，划出底面所需的泥板尺寸并切割。

步骤六：使用排针打磨底面边缘，增加接触面积。

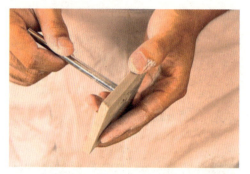

步骤七：使用打孔器钻出圆孔，用作花器的瓶口。

步骤八：用刮刀将打好的圆孔进行修整。

步骤九：用扁泥片围出花器口部。

步骤十：把底面、顶面跟主体部分粘连压实，花器口部也用泥浆粘连在打孔处。

三、使用海绵棒进行装饰

注意：泥板花器坯体部分制作完成后用保鲜膜覆盖，待干燥后用浸湿的海绵补水。

步骤一：将釉下彩颜料加水稀释，调制成水状。

步骤二：用棒状海绵蘸取颜料，反复点压在坯体上，画出波点形状。

5.2 "汪汪"盘的制作

这一部分我们来展示使用泥板成型法制作"汪汪"盘的方法。装饰手法使用釉下彩的方式，烧成方法使用高温烧成。

作品名称："汪汪"盘
泥料：瓷泥
釉料：透明釉
烧成方式：高温烧成
尺寸：高1.5 cm直径20 cm

一、圆盘制作

步骤一：在泥片上切下一块圆形泥片，大小要符合印坯模具。

步骤二：将泥片放入石膏模具中。（也可以使用其他容器代替）

步骤三：待半干燥定型后打开模具，用海绵擦拭底部。

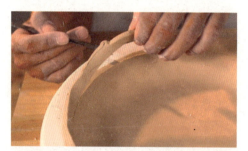

步骤四：用小刀将盘子多余部分切除。

步骤五：轻轻地将盘边缘的边翘出，倒置模具取出坯体。

步骤六：使用小刀将动物造型的耳朵形状切割出来。

步骤七：使用海绵擦拭切好的盘子边缘。

步骤八：盘子主体制作完成，放在阴凉处使其缓慢干燥，避免开裂。

二、釉下彩装饰

步骤一：用铅笔画好造型后，使用青花专用笔蘸取青花颜料画出想要的效果。

步骤二：绘画制作完成。

5.3　拓印树叶盘的制作

这一部分我们来展示使用泥板成型法制作树叶盘的方法。装饰手法使用喷釉的方式，烧成方法使用高温烧成。

作品名称：拓印树叶盘

泥料：浅陶泥

釉料：靛蓝、蓝枯双面釉

烧成方式：高温烧成

尺寸：高1 cm直径15 cm

一、擀压泥板

步骤一：使用割线割下适量泥片备用。

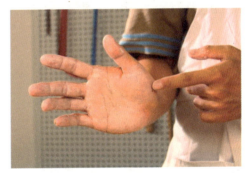

步骤二：用掌根部分的肌肉拍打泥面。

步骤三：顺着同一方向将泥面拍打成厚薄均匀的泥板。

步骤四：使用擀泥杖将表面擀压平整。

步骤三：待泥板稍硬之后，沿着树叶边缘将多余的泥片用刀切除。

二、拓印装饰

步骤一：将树叶按压在擀好的泥板上。

步骤四：轻轻地将叶片取下，盘体部分制作完成。

步骤二：将树叶压实在泥板上，使树叶纹理更加清晰。

步骤五：待盘体干燥后上釉。

小贴士：由于釉料经由喷壶雾化后，会在空中飘扬。我们在室内喷釉时，要带上防尘面罩或口罩，防止吸入。

第六章　陶艺创作中常见的问题

6.1　拉坯成型时常见问题

问题：拉坯时难以找到中心

原因一：坐姿不正确

正确的拉坯姿势

拉坯时应正对拉坯机，右脚踩住控制踏板，左脚撑住地面，身体自然前倾，将肘关节抵在大腿的内侧，起到稳定手臂的作用。

可以把身体想象成一个整体，手臂想象成一根木棍，在发力的时候通过身体重心的前压和手臂与大腿的相抵使得手掌获得很好的稳定性，这样有助于新手在不熟练的情况下快速找到中心。

原因二：没有找到泥巴旋转的节奏

拍打泥团

刚刚接触陶艺的爱好者找不到中心，很大程度上与没有找到泥巴旋转的节奏有关系。

我们在找中心之前可以先将双手打湿轻轻地放在泥团上，电动转盘转动后，用手掌感受一下泥团比较突出的几个位置并将其拍打平整，尽可能让泥团变成圆滑的锥形，这样可以避免因为泥团表面起伏过大导致出现难以为其定型的情况。

待泥团表面相对平整后可以缓缓地通过身体重心的前压施加力量，切不可急于求成。应在感受泥团形状相对稳定后再缓缓加大手掌的力度。

原因三：手掌不够湿润导致摩擦力较大

如果你感觉难以控制泥团的形状并且手掌与泥团摩擦力较大时，应给泥团淋上一些水起到润滑的作用，同时减少手掌的发力并适当加快转速。也可以用手掌将转盘上的泥浆慢慢聚拢到泥团上，既清洁转盘又用以润滑。

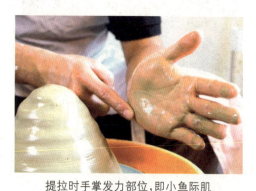

提拉时手掌发力部位，即小鱼际肌

我们在找中心的过程中需要反复地提高、压低泥团，使得泥团内部更加均匀。如果出现难以将泥团提高或压低的情况，则是手掌发力时的手形不正确。在提高的时候应当用两掌的小鱼际肌相对发力，向中心挤压泥团，在均匀的压力下泥团会慢慢地变

高。到达一定高度后则需要两个大拇指相叠并用大鱼际肌（大拇指根处到手掌根部）向前推动泥团顶部，泥团倾斜后会随着电动转盘的转动不断变短。

6.2　泥板成型时常见问题

问题：制作泥板成型时遇到开裂情况

情况A：在干燥过程中开裂

原因一：未盖塑料薄膜

泥板在制作完成以后，由于比较柔软所以不能立刻使用，需要等待泥板干燥，具有一定强度后才可进行移动。但是在干燥过程中经常会出现翘边、开裂等现象。出现这种情况主要是因为暴露在空气中一面的泥板干燥得更快，这也意味着干燥更快的那面收缩程度更大，因此会产生拉力导致开裂和翘边。想要避免这种情况发生，我们应当在制作完泥板后在其下方垫上纸张，在上面盖上一层塑料薄膜。这样泥板在收缩时就不会产生较大的形变。

原因二：泥板厚薄不一

当我们制作的泥板厚薄不一的时候会出现这样的情况：薄的部分干燥较快导致变形甚至是开裂。因此我们在制作时要尽可能让泥板厚薄一致，如果必须使用厚薄不一的泥板则需尽可能地延缓薄泥板的干燥速度。

原因三：在搬运过程中操作不当

我们在搬运面积较大的泥板时需要格外小心。坯体在未烧成前强度很低，在搬运泥板的时候我们可以借鉴大块玻璃的运输方式，将泥片竖立起来，选择侧面积最大的面作为底座搬运，以避免运输过程中发生意外。

情况B：在烧成过程中开裂

原因一：坯体有暗伤

当我们制作完泥板成型的作品送入窑内烧制前还是完整的，但烧制后出现了开裂的情况，这很有可能是坯体在镶接、搬运的过程中受到了撞击，破坏了泥巴的分子结构。这样的损坏我们通过外观是无法发现的，因此我们对待坯体的时候一定要做到轻拿轻放。

烧制后泥板开裂

原因二：干湿度不一致的泥板拼接

已经完全干燥的泥板和未干燥的泥板在吸水性和收缩率方面是不一样的。如果我们将两块干湿度不一致的泥板镶接在一起，会使得坯体间的应力增加，即便在烧成前没有发生开裂的现象，在烧成后一定会产生变形或者开裂。因此我们应当尽可能选用同一时间制作的泥板或者已经完全干透的泥板拼接，这样可以避免因为泥板干湿度不一致而产生的开裂。

6.3 泥条成型时常见问题

问题:制作泥条成型时遇到开裂情况

情况A:在干燥过程中开裂

原因一:泥条盘筑过程中间隔时间过长

由于泥条盘筑的作品耗时较长，有时需要等到第二天才能继续盘筑。如果直接在已经变硬的坯体上盘筑，就有可能导致坯体开裂。我们需要先给坯体补水，可以用毛笔涂刷也可以盖上一块拧干的毛巾，待坯体稍微软化后方可继续盘筑。

原因二:泥条盘筑时泥浆用量不够

泥条开裂

两根泥条之间需要用充足的泥浆才可以牢牢地粘连在一起，如果裂开处比较规整且是两根泥条的粘接处，则很有可能是因为泥浆太稀或者用量不够导致的。

原因三:泥条盘筑器物的造型过于夸张

我们在设计泥条盘筑的作品时，要考虑到泥巴自身的重量和可以承重的极限，尽量不要让器型越盘越大，保持下大上小的整体造型。

情况B:在烧成过程中开裂

原因一:泥条盘筑过程中没有做支撑

如果作品在烧成后呈现融化坍塌的状态，可能是因为坯体内部没有足够的支撑。我们在盘筑上端重量比较大的作品时要提前考虑到烧制时坯体软化以后能否承受上端的重量。制作支撑的办法其实和泥条盘筑一样，在作品的内部用同样的手法盘绕出一个可以起到支撑效果的"墙"，注意要随着作品一同盘绕起来，不可后期单独盘筑。

泥条成型烧制以后开裂

原因二：在搬运过程中有暗伤

与泥板制作中开裂的原因一样，我们在制作泥条盘筑作品时，由于搬运不当、撞击等都会破坏泥坯的完整性。通常这些破坏并不明显，入窑烧制后才会表现出来。所以在制作过程中，我们应尽量轻拿轻放，时刻关注坯体的干湿度、完整度等。

6.4　手捏成型时常见问题

问题：手捏成型时遇到变形和开裂

原因一：器壁厚薄不一导致变形

手捏成型烧成后变形

在坯体干燥的过程中较薄的地方会首先干燥，这也就意味着较薄的部位会先发生收缩。当坯体的一部分率先收缩后就会牵扯其他部分，导致坯体变形。

除了上述情况外，还有一种情况会导致坯体变形。当坯体底部过于纤薄无法支撑上部重量的时候，坯体会缓慢地向下塌陷。想要避免变形，需要我们在制作作品的过程中时刻保持坯体下厚上薄，并且尽可能延长薄坯体干燥的时间，这样可以进一步减少变形的程度。

原因二：坯体变硬后调整造型导致开裂

我们在制作线条比较优美的器物时很难一次性成型，常常需要等到坯体有一定硬度后才可以继续捏塑。如果没有控制好坯体的干湿度，在坯体硬化的情况下仍然进行捏塑则会对坯体造成结构性的损坏。这是因为随着水分的蒸发，泥巴的韧性也开始下降，如果此时再对坯体进行大幅度的调整，则极有可能导致坯体产生开裂的情况。

6.5　陶艺制作时其他常见问题

问题一:泥巴中夹有气泡

泥巴中夹有气泡　　有气泡的坯体烧成后的形态

原因一:揉泥不充分

坯体中夹有气泡是很危险的一种情况，较小的气泡会导致坯体出现变形、翘皮、开裂，而比较大的气泡有可能会使坯体在烧成的时候发生爆炸，碎片还会波及其他作品。因此，我们一旦发现坯体中含有气泡，就要放弃坯体后续的制作。

我们所购买的成品泥巴一般不会存在含有气泡的情况，当我们回收泥巴再次利用的时候常常会遇到这样的问题。我们可以用割线切开泥巴检查一下切面上有没有气泡，如果有则需要反复揉泥团直至气泡消失。大量泥巴需要回收的时候可以使用炼泥机揉搓泥团。

原因二:揉泥方式不正确

揉泥的主要目的是将泥巴混合得更加均匀，同时挤压出泥巴里多余的气泡，但是错误的揉泥方式反而会使得泥巴中混入气泡。我们在揉泥的时候要注意手法，不可将泥巴大角度地翻折、堆叠。

问题二:把手粘连失败(把手断裂)

原因一:把手与坯体干湿不一致

制作水杯时如果遇到把手在干燥期间开裂，我们可以通过事先控制把手和杯身的干湿程度来避免开裂。在粘连把手前，我们需要进行修坯，此时杯身的坯体已经处于半干的状态了，而我们刚制作出来的把手泥团是含水量较高的，若此时将把手和杯身坯体粘接则把手会进行大幅度的收缩，而杯身坯体收缩的幅度较小，相互作用之下会将把手扯断。我们可以将修完的杯身坯体补水后放进保湿箱保持其湿度，直到和我们制作好把手，使两者干湿度保持一致再进行粘连，这样成功的概率会大大增加。

原因二:泥浆过稀起不到粘连作用

我们在粘接把手的时候需要在连接处涂抹大量的泥浆来填满坯体和把手间的空隙。如果制备的泥浆过于稀薄则起不到粘连的作用。我们可以将干燥的泥粉与水按2：3的比例进行调制，这种黏稠度的泥浆不仅可以填满缝隙，还可以在硬化后用工具将其抹平在坯体上，起到自然过渡的作用。

原因三：粘连后坯体没有放入保湿箱

延长坯体干燥的时间可以有效避免坯体的变形情况。如果将刚刚粘连完把手的杯子放在通风的地方，那么把手部分会率先干燥并且收缩，这样极有可能会发生开裂的情况。因此，我们在制作有拼接部分的作品时，需要将作品放在阴凉处或保湿箱里缓慢干燥，这样坯体各个部分的干燥收缩程度一致，可以避免开裂。

原因四：把手与坯体表面过于光滑

用排针增加坯体接触面积

如果把手断裂处的接口十分平整，把手完整地从杯身坯体上脱离下来，可能是由于杯身坯体表面过于光滑，附着力较小。我们在粘接把手的时候可以先将粘接处打磨粗糙，增加接触面积，这样可以加强把手在烧成前与杯身坯体粘接的强度，避免断裂。

问题三：绘制釉下彩的时候笔触不通畅

绘制釉下彩时笔触不通畅

原因：坯体吸水太快将毛笔水分吸干

如果在绘制釉下彩时发现毛笔刚刚接触到坯体表面就被牢牢吸附，难以画出流畅的线条，可以尝试先在颜料里多加一些水。若加水仍然没有作用，则可以在坯体表面均匀地喷上一些水，吸收了水分以后的坯体对毛笔的吸水性会有所降低，这样绘制时的阻塞感会减轻。（当我们用青花颜料绘制时感到阻塞，可以在笔尖蘸取少许的桃胶，起到润滑的作用。）

问题四：坯体釉面收缩

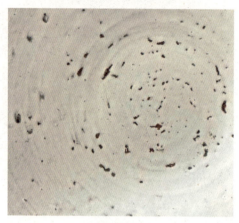

釉面缩釉

原因一：在上釉前没有清理干净坯体表面灰尘

在上釉之前我们需要对坯体补一遍水，这需要扫去表面的细微灰尘。如果有较大面积的灰尘没有清除则会影响釉水和坯体的结合，从而形成缩釉的情况。

原因二：坯体与釉水不匹配

釉面脱落

坯体在烧成的过程中会逐渐玻化变成半熔融状态，釉水同样会逐渐融化。

如果我们选用的釉料与泥料不匹配，则釉水难以附着在坯体表面，待冷却后会出现釉面脱落的情况。

釉水过厚

原因三：釉水过厚

釉水如果涂得过厚，会导致釉面表层与内部收缩不一致，从而出现缩釉。应避免在坯体上挂过厚的釉水。

问题五：烧成后釉水流下，粘连在硼板上

原因一：烧成温度过高，釉水融化

釉水粘连硼板

每一款釉料都有其最佳烧成温度，在这个温度下釉料会比较稳定，如果烧成的温度高于最佳烧成温度，则釉料会随着温度的上升渐渐融化。当融化到一定程度，釉料则会顺着坯体向下流动并将坯体与硼板粘连在一起。

原因二：坯体下部喷釉过多

在喷具有流动性的釉料时应当在坯体的上部多喷一些，对坯体的下部只需要浅浅覆盖一层。在达到烧成温度后上部的釉料会融化并且覆盖住下半部分。如果下半部分喷釉过多，釉料会融化下流，粘连在硼板上。

学生作品集

孙静陶瓷作品

谈一诺陶瓷作品

汤雅琪陶瓷作品

王萌灿陶瓷作品

程瑾陶瓷作品

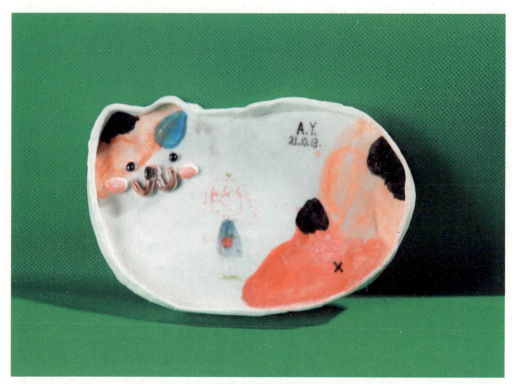

杨子非陶瓷作品

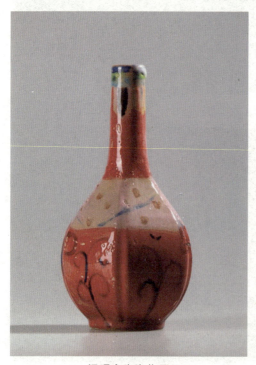

梁璟文陶瓷作品

薛恩君陶瓷作品

黄仲琪陶瓷作品

何笑笑陶瓷作品

胡语涵陶瓷作品

孙莹陶瓷作品

N